AF591913

CARTHAGE INCONNUE

PAR

M. LE DOCTEUR L. CARTON

CORRESPONDANT DE L'INSTITUT,

MEMBRE CORRESPONDANT ÉTRANGER DE

L'ACADÉMIE ROYALE DE BELGIQUE

DÉLÉGUÉ PRINCIPAL DU TOURING-CLUB DE FRANCE

IMP. DE LA PRESSE — TUNIS

CARTHAGE INCONNUE

L'Abside aux niches

Ruines de l'Abside aux niches

Elles sont au premier plan ; au second plan à gauche, l'éminence où se dresse la masse du Ksar, formant une colline où émergent quelques blocs. Au fond, le plateau historique de Byrsa.

Villa Stella, Kéreddine, le 6 Février 1924.

Monsieur le Directeur du Courrier de Tunisie

Chaque fois que l'occasion s'en est présentée, vous avez énergiquement soutenu la cause des ruines de Carthage, et je vous en exprime toute ma gratitude. Vous venez de m'offrir généreusement l'hospitalité de votre journal pour des articles de vulgarisation archéologique. Je me fais un plaisir de vous adresser une première notule sur la « Carthage abandonnée ».

Je me propose ainsi de signaler à vos lecteurs quelques-uns des vestiges de la grande ruine sur les 60 ou 70 qui existent, parmi les moins apparents ou les moins étendus et qui, à des titres divers, archéologique, pittoresque, historique ou de simple curiosité peuvent offrir un intérêt, sinon primordial, du moins réel.

DOCTEUR L. CARTON.

Ruines de l'Abside aux niches

Il s'agit d'un monument indiqué par les lettres R. B. L. M. (Ruines bloc de maçonnerie). dans le quartier « Ard bou Raoui » sur la *Carte archéologique de Carthage*, dressée par M. l'adjoint du génie Bordy, avec le concours du P. Delattre, du général Dolot et de M. Gauckler.

Située sur le bord d'une piste reliant la gare de Douar-ech-Chott à Carthage, à l'ouest de la voie du tramway, elle offre, au-dessus du sol un alignement de blocs en maçonnerie et une masse plus importante qui forme une abside renfermant trois niches bien reconnaissable. Sa hauteur actuelle au-dessus du sol est d'environ 1m 40. C'est donc, parmi les vestiges non déblayés qui parsément le grand sol historique, un des rares qui présentent un dispositif bien reconnaissable.

Je me suis toujours étonné qu'apparent comme il est, il n'ait pas plus vivement sollicité l'attention des archéologues, n'ayant été ni déblayé ni même, à ma connaissance, exploré, et qu'exposé comme il l'est en plein champ il ait échappé ou résisté aux démolisseurs.

Il est assez difficile de dire, même hypothétiquement, de quelle catégorie de monument il paraît s'agir, peut-être un petit sanctuaire païen ou chrétien. En tous cas, en raison de son intégrité relative, de la hauteur de plusieurs mètres qu'il a certainement au dessus du sol il est possible qu'il y ait là un ensemble intéressant et à conserver.

M. Isaac Bessis, le grand propriétaire de Carthage qui a alloti tout ce quartier de grande ruine, a bien voulu à ma prière remanier le plan primitif des lots, qui coupait en deux ces vestiges, pour les mettre en un seul lot. Je suis heureux de rappeler à ce sujet qu'il s'est toujours très obligeamment prêté aux demandes qui lui ont été adressées par le Comité des Dames Amies de Carthage en vue d'aménager les ruines, que notamment il a permis de tracer, à travers sa vigne, un sentier reliant l'Odéon à la basilique de Damous Karita.

Un membre de cette Société a donc acquis ce terrain et l'a mis à la disposition du C. D. A. C. pour y pratiquer des fouilles. Une demande d'autorisation a été adressée, à cet effet, à la Direction du Service des Antiquités. Dès qu'elle aura été accordée, le Comité des Dames Amies de Carthage se mettra à l'œuvre.

A quelques mètres, vers le N. O. se trouve la vaste ruine du Ksar, visible de toutes parts, dans la plaine J'en ferai l'objet de ma prochaine note.

LE KSAR

Sur le ciel se silhouette le bloc élevé en maçonnerie, en forme de buste coiffé du *polos*.

L'éminence qu'il domine est formée des débris du monument. Ça et là quelques taches blanches sont des masses de maçonnerie qui émergent.

LE KSAR

La ruine que les Arabes et les auteurs de la carte archéologique de Carthage désignent sous le nom de *Ksar*, et dont j'ai parlé à la fin de l'article précédent forme une petite colline, tant elle est importante. Située au pied méridional du plateau de Byrsa, elle est visible de tous les points de la plaine et signalée de loin par un massif de maçonnerie, haut de 5 à 6 mètres, ayant vaguement la silhouette d'un buste humain. Il doit s'élever probablement à près de huit mètres au dessus du sol antique, ce qui en ferait une des plus hautes ruines de Carthage.

L'éminence formée par les débris a une quarantaine de mètres de diamètre sur environ 5 à 6 mètres d'épaisseur. On voit pointer à sa surface plusieurs masses de maçonnerie, restes de murs puissants. J'y ai remarqué plusieurs tronçons de colonnes.

D'après le plus ancien explorateur de Carthage, cette ruine n'a pas été exploitée profondément comme carrière depuis l'occupation française. Il y a donc des chances pour qu'il puisse s'y faire quelque découverte intéressante.

De quoi s'agit-il ? Il est difficile d'émettre une hypothèse autorisée à ce sujet. Quand les archéologues sont en présence d'ensembles aussi vastes, avec des masses de blocage considérables, ils sont enclins à penser à des Thermes publics. Au pied du haut massif de maçonnerie, on voit nettement l'enduit cimenté d'un réservoir.

Cet ensemble, compris dans l'allotissement de ce quartier, était divisé en plus de 20 lots. Le propriétaire du terrain M. Bessis, avait bien voulu me faire une promesse de vente que j'ai offerte au gouvernement. Celui-ci ne disposant pas des fonds nécessaires, un membre du Comité des Dames Amies de Carthage l'acquit pour le mettre à la disposition de cette société qui espère pouvoir être autorisée, un jour, à l'explorer, et, le cas échéant, à le déblayer.

La Fontaine UTERE FELIX

L'abri élevé au dessus d'elle la cache en partie. Au-dessous des lettres A A sont les deux petits blocs de marbre des bustes dont les têtes ont été détachées. Il reste une partie de la plaque en marbre blanc, fermant en avant la vasque de l'hémicycle, qu'ils maintenaient. Au-dessous de B on distingue des lignes formant un rectangle, qui, de couleur rouge, figuraient un panneau encadrant un oiseau.

La Fontaine UTERE FELIX

A quelques mètres au Nord-Est du *Ksar* se trouve l'édicule connu sous le nom de Fontaine *Utere Felix*.

Ce nom lui vient d'une inscription en mosaïque qui l'ornait et qui était en partie détruite.

La traduction et la lecture en furent faites avec moi par M. Merlin, l'ancien Directeur des Antiquités qui, on le sait, est un éminent épigraphiste. Il s'agit donc d'un de ces souhaits que les anciens aimaient à inscrire au voisinage d'édicules de ce genre : *Use heureusement de cette eau.*

Lors de sa découverte, ce petit ensemble qui rappelle d'une manière plus modeste peut-être, mais pourtant bien intéressante, les jolies fontaines des maisons de Pompéï etait à peu près intact.

C'était un hémicycle couvert de fresques multicolores représentant des enfants s'ébattant dans l'eau et dans des barques, ainsi que des oiseaux au plumage éclatant. Dans la paroi intérieure de l'hémicycle s'ouvraient de petites niches également couvertes de peintures, et offrant chacune l'orifice d'un petit tuyau de plomb qui versait l'eau dans la vasque en demi-cercle. Le fond de celle-ci était orné d'une mosaïque intacte représentant des poissons aux écailles chatoyantes. En avant, le bassin était fermé par une plaque en marbre blanc que soutenaient deux amusantes figurines en marbre ; il en existait une troisième, qui aurait disparu.

En avant du bassin, une mosaïque représentait deux génies ailés tenant chacun une couronne dans laquelle on lisait le souhait traduit plus haut.

Plus en avant encore règne un couloir au sol revêtu d'une mosaïque d'un dessin simple mais d'une jolie couleur.

Ces deux mosaïques ont été fort dégradées, depuis leur mise au jour, par les bergers qui viennent volontiers s'abriter sous le toit placé sur l'édicule.

Il paraît que lorsque celui-ci fut découvert, son système de distribution d'eau était intact. Un gros robinet de bronze qui commandait celui-ci aurait été emporté au Musée pour éviter qu'on ne le vole. Un peu plus tard, la ruine dégagée restant exposée en plein champ, avec ces deux figurines si tentantes, des Arabes vinrent, qui les brisèrent et emportèrent les têtes.

Les peintures, protégées par un abri trop précaire, ont été effacées à peu près entièrement par le vent, le sable et la pluie.

L'abri a été placé par le propriétaire, à la suite d'une démarche que je lui fis avec M. Merlin. Dans notre pensée il était tout à fait provisoire.

Malgré les dégâts dont la fontaine a été l'objet, elle mériterait encore, non d'être transportée dans un Musée comme il en a été question, mais d'être conservée sur place.

On pourrait peut-être encore protéger et aviver les fresques avec un enduit, replacer le robinet et probablement faire marcher les jets d'eau qui verseraient le liquide dans la vasque garnie de poissons, comme cela avait lieu dans la maison romaine.

Rien ne serait plus facile que de protéger complètement ce curieux vestige en élevant au-dessus de lui un léger abri, comme on a fait à Timgad au dessus d'un baptistère. Cela ne coûterait que quelques centaines de francs, probablement meilleur marché que de le transporter dans un musée.

On pourrait aussi l'entourer, plus tard, d'un grillage, ce qui serait facilité par sa situation à l'angle de deux rues de l'allotissement.

Cette ruine, voisine du Ksar, des tombeaux de Byrsa et d'un autre ensemble intéressant, dont je parlerai bientôt, pourrait peut-être être placée, avec les autres, sous la surveillance d'un gardien indigène, chargé de ce quartier.

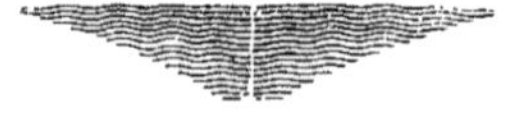

A B C D D D D

Au-dessous de A : l'Abside de la maison byzantine ; de B : mur de Théodose en pierres de taille ; C. D, D : ouvertures de tombeaux puniques. Dans le fond, la Cathédrale.

Un quartier de la Carthage romaine

Tout un vaste ensemble s'étend au dessus et à l'Ouest de la Fontaine *Utere Felix* et des ruines du *Ksar*. Je conseille au promeneur qui veut avoir l'impression très nette des ruines « pompéiennes » que la vue peut en donner, d'y accéder en partant de la fontaine et en contournant le pied d'un grand talus de déblais qui la domine à l'Ouest. On aperçoit alors brusquement dans toute leur étendue les voûtes et les murs situés sur la déclivité et dont l'aspect pittoresque nous est déjà attesté par ce fait que les commerçants les ont reproduits en cartes postales.

C'est tout un quartier de la ville antique que le P. Delattre a dégagé là. Voici d'abord une abside parfaitement conservée qu'on désigne sous le nom assez impropre, du reste, de « maison byzantine ». Le sol en est orné d'une mosaïque décorative que le P. Delattre a, avec raison, recouverte de terre, mesure qui aurait dû être prise partout ailleurs.

Autour de cette abside sont d'autres constructions : un mur courbe en *opus reticulatum* (dont les joints sont disposés comme les mailles d'un filet), une autre abside, un silo en forme de carafe.

De l'autre côté d'un amas de terre qui coupe malheureusement la ruine en deux se trouve un ensemble de murs imposant à la limite desquels court une curieuse rue dallée recouvrant un égoût. Etroite, de largeur irrégulière, avec des angles rentrants et saillants, elle devait ressembler aux rues des villes arabes.

Cette succession de ruines, dont les murs atteignent 4 et 5 mètres de hauteur et qui a plus de 50 mètres de développement est dominée par les restes de l'enceinte de Théodose, en pierres de taille et par les célèbres tombeaux de Byrsa, trop connus pour que j'en donne ici la description.

Si cet ensemble avait pu être conservé tel qu'il était lorsqu'il a été découvert l'aspect en serait encore plus saisissant. On y verrait notamment un petit cimetière arabe avec des tombes en marbre mouluré qui ont été transportées au musée Saint Louis, deux colonnes érigées, qui figuraient, en place, dans une vue d'un ouvrage du P. Delattre et qui ont été transportées au musée pour éviter qu'on ne les vole.

Une dalle d'un des tombeaux, brisée, s'est affaissée, comme des photographies de l'époque le montrent. Un obélisque, qui surmontait un tombeau punique, seul spécimen connu de ce genre d'architecture, a disparu. Fait particulièrement grave, d'énormes lézardes viennent de se produire dans le mur qui soutient les tombeaux. La cause en est les affouillements faits par les femmes arabes qui viennent prendre de la terre à potier.

Les chercheurs de pierres ont aussi passé à plusieurs reprises par ici, écornant toutes les parties saillantes et ayant mis en miettes un petit aqueduc.

Le Comité des Dames Amies de Carthage a pu y faire effectuer quelques arrangements, grâce au concours du R. P. Delattre, dégager les tombeaux que des éboulis tendaient à recouvrir, consolider provisoirement le mur qui soutient les tombeaux, dégager en partie les éboulis cachant le dallage de la rue. Elles ont aussi placé des flèches et des panneaux indicateurs. Mais ces travaux ont été insuffisants. Il leur faudrait niveler le sol, enlever les crêtes qui divisent la ruine et y faire quelques aménagements. Peut-être les vestiges se prolongent-ils vers l'Ouest. A l'Est, Beulé, le premier explorateur de Carthage, et le P. Delattre ont découvert des absides qui soutenaient les bords du plateau historique, mais qui ont été démolies.

La majeure partie de ces ruines comprises dans les nouveaux allotissements, est à vendre. On pourrait créer, autour d'elles, un petit parc où les habitants de Carthage et les visiteurs viendraient admirer les inoubliables embrasements du golfe et du lac au soleil couchant.

Cet aménagement pourrait être complété par l'installation d'une table d'orientation qui serait des plus utiles.

Ruines d'un temple auprès de la Cathédrale. A droite les piliers en pierres de taille du mur de façade. Au premier plan, pierre moulurée du stylobate.

Ruines d'un temple à Byrsa

« Inconnu » ne veut pas dire « invisible » et il y a des ensembles que les promeneurs ne voient pas parce que, n'ayant pas leur attention attirée sur eux, ils ne les regardent pas.

Ainsi, au-dessus des tombeaux puniques de Byrsa, sur le plateau historique lui-même, à quelques pas au sud-ouest de la cathédrale passe-t-on souvent sans s'arrêter auprès d'un petit bois d'encalyptus planté parmi les murs d'un monument en forme de temple dont certaines parties, et notamment le stylobate mouluré se discerne bien.

Les arbres, qui s'harmonisent avec la ruine gênent un peu pour en comprendre la disposition générale. Il conviendrait, à mon sens, de supprimer ceux qui sont à son intérieur. J'ignore si ce point a été l'objet d'une exploration en profondeur. S'il n'en est rien on pourrait peut-être dégager quelques murs qui souligneraient et aideraient à mieux comprendre la disposition générale du monument.

S'il s'agit bien là d'un temple, comme je le pense avec MM. Cagnat et Gaukler, il faut rappeler, à ce propos, que c'est ici que le P. Delattre a découvert la grande et belle statue de la victoire qui se trouve dans le jardin du Musée Saint Louis, en face de la porte d'entrée, et on peut se demander si le sanctuaire n'était pas dédié à cette divinité.

Rappelons aussi qu'à quelques pas d'ici, sous la cathédrale même, où on a creusé 89 puits pour les fondations de ce monument on a trouvé, parmi de nombreux fragments de colonnes, de chapiteaux, etc, une inscription portant les mots *ædem concordiae* Il est donc possible qu'il y ait eu là un sanctuaire dédié à la *concorde*.

Le mur de Byrsa et la chapelle aux fresques

Si, revenant vers le bord oriental du plateau, on descend un escalier situé au sud-ouest de l'hôtel Saint Louis, on aperçoit un mur considérable d'une dizaine de mètres de hauteur, cantonné de hauts piliers rapprochés sur lesquel s'élève l'hôtel Saint Louis. Une de ses destinations devait être de jouer le rôle de mur de soutènement.

Le plateau de Byrsa semble avoir

Le mur de Byrsa, avec ses contreforts, et sur lequel s'élève l'hôtel St. Louis. A droite on voit le talus formé par les détritus jetés d'en haut. Au premier plan, l'entrée et la fenêtre de la chapelle aux fresques.

été régularisé de cette manière sur une grande partie de son pourtour, notamment un peu plus au Sud et à l'Est, dans la direction des tombeaux puniques où Beulé et le P. Delattre ont découvert des absides qui ont été, ensuite, démolies par des chercheurs de pierres. Le P. Delattre vient d'en dégager récemment un qui rappelle beaucoup celui-ci, sur le versant N. E. du plateau, le long d'un chemin descendant de la cathédrale vers la gare de Carthage.

A quelques pas au pied et en avant de ce mur un petit escalier descend vers une voûte antique, fermée par une grille en fer. C'est une chapelle qui fut peut-être un oratoire particulier à moins qu'elle n'ait appartenu à un plus vaste ensemble situé dans le voisinage.

On y remarque une fresque offrant 5 personnages dont celui qui est au milieu représente soit Saint Cyprien, soit le Christ enseignant. Malheureusement l'humidité détériore de plus en plus cette intéressante peinture et il ce serait urgent pour sauver ce qui en reste de faire des travaux pour dégager les murs de la voûte.

Comme on le voit, ce petit coin de Carthage n'est pas sans intérêt. Il mériterait d'abord d'être exploré à fond, s'il ne l'a pas été. Si la plus grande des constructions qu'on y rencontre n'est qu'un simple mur, il a réellement un aspect imposant, comme on le voit par la photographie ci-dessus, et il serait regrettable de le laisser masquer pas des constructions ou des arbres. Et puis, les vestiges que porte le célèbre plateau ne sont pas tellement nombreux qu'on ne doive les conserver s'ils ont quelque caractère, surtout si comme ici ils donnent une idée de la forme et de l'aspect que présentait le plateau. On remarquera, dans la photographie, que, vers la droite, un talus descendant de l'hôtel Saint-Louis tend à recouvrir l'extrémité septentrionale du mur. Il est formé par les détritus jetés, depuis des années, du haut de l'hôtel...

A quelques pas d'ici, dans un jardin privé, se trouvent les restes d'un temple de la famille d'Auguste (*Gens Augusta*) dont on a retrouvé l'inscription dédicatoire, placée maintenant au-dessus de la porte de la villa dont dépend le jardin.

Les tombeaux puniques de Douïmès

Un des ensembles de ruines les plus visités est à coup sûr celui qui se trouve à Douïmès, au croisement de la route allant de la Malga au point du rivage où sont les Thermes d'Antonin et de la piste récemment coupée et qui, bientôt rétablie, il faut l'espérer, réunira directement la gare de Carthage à Sidi-bou-Saïd par la station de Ste-Monique.

Mais les guides n'y montrent plus guère maintenant que la basilique byzantine, trop connue pour que j'en parle ici.

Tout à côté d'elle, existait, il y a peu de temps, un fort intéressant ensemble de grands tombeaux puniques, tout à fait semblables aux célèbres monuments funéraires de Byrsa. Quoique abandonnés et à demi recouverts par les éboulis, ils méritent encore qu'on y jette un coup d'œil. Il serait, du reste, facile de les présenter encore d'une manière honorable. Les cartes postales mises en vente et qui en donnent une idée montrent qu'il y avait, en avant de leurs ouvertures, quatre grands sarcophages. Deux d'entre eux ont disparu, mais se trouvent peut-être sous les éboulis. On vend aussi dans le commerce une carte postale très curieuse. montrant une ruine, à coup sûr sans caractère architectural, mais d'aspect étrange. Haute de 4 à 5 mètres elle avait la forme d'un gigantesque champignon. Cela frappait beaucoup les touristes. Je n'en veux pour preuve que le fait que cette carte se vendait beaucoup et se vend même encore. Il s'agissait d'un de ces silos en forme de « carafe » comme on en a rencontré beaucoup à Carthage et qui servaient aux habitants à mettre leur provision de grains. Cette ruine a été détruite à ras du sol par les chercheurs de pierres, et on n'en voit plus, maintenant, que la coupe circulaire.

Malgré ces déprédations, la vue de la nécropole punique serait encore intéressante si on la mettait en état.

C'est également ici que le visiteur passe, indifférent, à côté d'un trou circulaire, revêtu intérieurement de briques crues. Ce sont les vestiges de ces fours à potier de l'époque punique dont l'un, à peu près intact, offrait ses étagères chargées de vases, ses magasins regorgeant de vases préparés pour la cuisson, des moules, etc.

Au même endroit, quelques murs assez vagues sont ce qui reste de l'escalier et du caveau fermé par un mur dans lequel a été trouvé le trésor d'un temple païen caché là sans doute par ses prêtres et dont provient notamment la délicieuse petite statue de Déméter qui est exposée au Musée du Bardo.

A quelques pas d'ici le long d'un sentier qui relie des gourbis aux Thermes d'Antonin, à l'entrée d'une profonde tranchée, au fond d'un trou, on aperçoit une petite salle aux pa-

rois cimentées et que recouvrent d'énormes dalles. Il s'agit probablement d'un réservoir de l'époque punique seul spécimen actuellement visible d'une architecture dont plusieurs ont, paraît-il, été rencontrés dans ce quartier.

La profonde tranchée qui débouche en ce point et dans laquelle on voit quelques ruines assez confuses, a été creusée pour dégager la conduite qui alimentait en eau les Thermes d'Autonin, dont on aperçoit à quelques pas d'ici, les masses énormes au bord de la mer. On aperçoit les grands réservoirs d'où elle partait à l'extrémité de la tranchée, auprès de cyprès. On sait qu'ils ont été restaurés pour désservir la banlieue carthaginoise. Mais on ne les visite pas et on ne les fait pas assez visiter, car ce n'est pas un spectacle banal que la vue de l'eau calme et pure qui dort sous les voûtes profondes.

Un peu au-dessus des citernes, au pied de la batterie moderne qui porte le nom de Bordj-Djedid on remarque un mur énorme, qui domine les coupoles des réservoirs. Il dessine les deux côtés d'un rectangle, et on voit nettement, le long d'un talus qui se dirige vers la mer en pas-

sant au-dessous du fortin, une ligne d'énormes blocs éboulés qui proviennent de son écroulement.

Nul doute que si celui-ci était dégagé sur toute sa longueur il formerait un socle imposant à la batterie, soulignant ainsi le caractère militaire que dut avoir de tout temps ce quartier.

S'agit-il ici des fondations de la citadelle qui défendit la première Carthage, Cambè, ou plutôt de ce vaste temple dont l'escalier descendait vers la mer sur des voûtes dont nous verrons les vestiges, ou de tout autre édifice, c'est ce qu'il est impossible de dire actuellement. En tous cas, le monument était très important.

Le quadrilatère maritime de Bordj Djedid.
Au premier plan ruines probables d'une tour ; au second plan, le quadrilatère ; au troisième plan, le long du rivage ligne des blocs du mur de mer.

Les bains de Didon
Les petits Thermes
Les ruines maritimes

A une centaine de mètres au Nord des citernes publiques dont j'ai parlé précédemment, au delà d'un enclos dans lequel s'élève, solitaire pour le moment, un petit couvent, se trouvent les Bains de Didon. C'est une ruine dont beaucoup de personnes ont entendu parler, mais que la plupart d'entre elles ne connaissent pas, pour n'avoir pas pu la trouver.

L'entrée en est, en effet, dissimulée dans un champ, au fond d'un trou, à quelques mètres de la piste qui conduit à la batterie de Bordj-Djedid, et elle est en outre encombrée d'immondices infects dont la vue et l'odeur éloignent le visiteur. Cet édicule est pourtant intéressant, et mérite qu'on surmonte cette première impression.

On y descend par un escalier en pente dont la voûte inclinée recouvre un sol sous lequel se cachent peut-être les marches d'un escalier. Sur la gauche, un autre couloir conduit dans une salle dont les deux voûtes d'arête, parfaitement conservées, présentent des orifices circulaires destinés à laisser pénétrer l'air et la lumière. Cette disposition rappelle tout à fait celle de certaines étuves antiques et des bains arabes. Et c'est sans doute de là que vient le nom donné à la ruine.

Deux autres salles, revêtues de ciment, et qui paraissent avoir joué le rôle de réservoirs, donnent sur la première. Et dans celle-ci, de chaque côté de la porte se voit une large niche dont malheureusement les pieds-droits ont été sapés par les chercheurs de pierres compromettant ainsi gravement la solidité de la construction; cette réparation ne coûterait que quelques centaines de francs. Deux autres niches se trouvent dans l'axe du couloir qui mène à cette salle, l'une à son intérieur l'autre dans le couloir d'entrée.

Si, des bains de Didon, on revient au puissant mur rectangulaire qui encadre le Bord Djedid, pour descendre tant soit peu les pentes qu'il domine, on rencontre d'abord, tout au bord du plateau et complètement invisible à distance, une série de fosses et de trous au fond desquels règne un couloir circulaire ou demi circulaire, — car on ne peut le parcourir en entier, — sur lequel s'ouvrent plusieurs arcades. Il s'agit probablement du soubassement d'un édifice circulaire dont la disposition fait penser à celle du temple de Vesta, à Rome.

Il y a quelque temps, on pouvait y circuler facilement et se rendre compte de cette curieuse disposition. Les éboulements en ont rendu la visite presque impossible.

Si on se dirige d'ici vers la mer, en suivant le milieu de la hauteur du

Hypocauste des petits thermes de Bordj Djedid. Les petits piliers supportent le sol de la salle située au-dessus. C'est entre eux que l'air chaud circulait.

talus on arrive à un autre édicule, signalé au loin par l'ouverture d'une porte qui se trouve comme suspendue en l'air, entre deux murs. Au dessous d'elle, on aperçoit le haut d'une jolie baie en pierres de taille complètement obstruée par les éboulis Il était auparavant possible de pénétrer, par ici, dans de petits bains privés dont les chambres de chauffe étaient bien reconnaissables.

On y voyait notamment de la manière la plus distincte les petits piliers qui servaient à soutenir le sol de la salle de sudation ou de l'étuve, et entre lesquels circulait l'air chaud. La vue ci-dessus, d'après une carte postale encore en vente montre nettement la disposition de ce petit ensemble, actuellement invisible.

Immédiatement au dessous de la porte on voit un très grand mur en hémicycle dont le diamètre doit être d'environ 30 mètres et qui forme l'un des côtés d'une conduite. Je me demande s'il n'y a pas là quelque très grand château d'eau, et si, dans cette hypothèse, ce monument n'aurait pas alimenté les Thermes d'Antonin. Il s'élève, en effet, justement à peu près dans le prolongement de l'axe d'une ligne de gros piliers en maçonnerie visible dans ce monument.

Continuant à se diriger vers la mer, on atteint, au bord d'un sentier, l'orifice d'un puits funéraire de l'époque punique qui avait été fermé, à l'époque romaine, par une mosaïque dont il existe encore des parties, montrant ainsi qu'on avait élevé une maison au-dessus de lui.

Si, s'avançant ensuite au bord de la falaise, on jette un coup d'œil sur le rivage, on aperçoit d'ici la ligne de gros blocs de couleur sombre qui le suit, ce sont les restes de l'enceinte qui protégea jadis la Carthage punique contre les attaques des pirates et des ennemis venant par mer.

A ses pieds le spectateur distingue facilement, surtout quand les eaux sont basses, des lignes de pierres énormes délimitant nettement un quadrilatère. Et si on se déchausse pour s'en approcher, on aperçoit maint détail d'architecture de cette construction : tour ou fortin qui devait défendre cette partie du « mur de mer » plus particulièrement vulnérable, et qui protégeait peut-être à un moment donné l'entrée de l'un des ports de la cité primitive.

Tout à côté on remarque, en mer, un amas circulaire de blocs qui semblent avoir appartenu à une tour.

Le petit plateau sur lequel nous nous trouvons est artificiel; il est soutenu par un mur de plus de 100 mètres de long, que revêtaient, du côté de la mer, les grandes pierres de taille de l'enceinte et qui, du côté de la terre, résistait à la poussée de celle-ci par une série d'hémicycles ou d'absides dont on compte encore plus de

25 dans un mur formant falaise. Cet ensemble, qui a une hauteur de 8 à 10 mètres est très peu connu et, s'il n'offre aucun caractère architectural ou décoratif qui sollicite l'attention, c'est incontestablement un des plus importants de Carthage.

Mais, pour le voir, il faut se déchausser et entrer dans la mer. On constate ainsi que la base en est complètement rongée par les flots. En consolidant cet important ouvrage de soutènement par un simple bourrage des parties évidées, nos ingénieurs éviteraient peut-être d'avoir, un jour, à le refaire complètement.

Le petit plateau qu'il supporte présente, sur le talus qui monte jusqu'au pied de la batterie de Bord-Djedid, les vestiges très peu saillants de 7 murs parallèles qui supportaient les voûtes rampantes de ce large escalier d'où d'après Babelon et le P. Dellatre, on a retiré, il y a quelques années, une énorme quantité de blocs de marbre blanc. Cet escalier descendait du grand ensemble dont on a vu précédemment, sur le plateau, les puissants murs rectangulaires jusqu'au petit plateau, où se trouvait une place bordée par un portique rectangulaire dominant la falaise et dont j'ai vu enlever les derniers restes. Cet ensemble formé par l'escalier, la place située à son pied et le portique duquel on apercevait le golfe, devait offrir un aspect des plus séduisants.

Mur de 40 mètres
Prison de Ste Perpétue
Nécropole des Rabs

Un peu au delà des ruines, si effacées, du grand escalier du Bordj Djedid, se trouve, dans un petit vallon, la résidence arabe de Kasr-Nadar coin préféré de M. Louis Bertrand qui désirait qu'on lui laisse son caractère de solitude. Un sentier en part se dirigeant vers le nord, sur un petit plateau qui domine le rivage. En le suivant, on distingue nettement, dans la mer, des rochers dessinant un petit havre où peuvent accoster d'assez fortes barques, et qui fut à coup sûr un de ces ports qui, d'après Cicéron, entouraient Carthage, peut-être celui où St Augustin, trompant la vigilance de sa mère, s'embarqua pour aller à Rome...

Sur la plage, émergeant du sable, un bloc de grès offre l'image d'une femme couchée sur la poitrine et le ventre, les cuisses croisées, coiffée de la haute tiare punique, de laquelle semble s'échapper une abondante chevelure. Il y a trois ou quatre ans, cette sculpture était bien distincte ; elle s'atténue de jour en jour. L'éminent peintre M. Aublet, qui l'a signalée, croit qu'il s'agit là d'un travail du ciseau d'un sculpteur, tant les proportions sont gardées, et quelque invraisemblable qu'il soit qu'on ait employé, pour faire une telle œuvre, une matière aussi grossière que le grès.

Immédiatement au delà, la plage est coupée par un mur formant falaise, énorme, qui a environ 40 mètres d'épaisseur. En travaillant au dégagement de la Fontaine aux mille amphores qui est toute proche, j'ai fait découvrir des redents, espèces de marches taillées dans le rocher qui porte le mur sur sa face N. E. Leur rôle était de recevoir les assises horizontales de gros blocs équarris qui revêtaient tout le mur. Il reste encore quatre des pierres qui en proviennent et qui sont intéressantes parcequ'elles nous indiquent probablement l'un des principaux caractères de l'architecture militaire punique. On peut en voir, du reste, d'autres en plusieurs points du rivage.

Il y avait donc ici une puissante construction, — une forteresse sans doute — bâtie sur les rochers, à l'endroit où le mur d'enceinte maritime de la cité punique, dont on voit les restes tout le long du rivage, formait un angle droit pour aborder la terre, sur laquelle j'ai pu en suivre les vestiges à plus de cent mètres de distance.

Du côté de la mer, cette construction s'avançait jusqu'à une cinquantaine de mètres en avant du mur en falaise dont je viens de parler. Par les temps calmes, du haut de celui-ci, on distingue nettement, sous les eaux, des murs s'entrecroisant et qui devaient former des cloisons entre des compartiments de la construction.

Passant au-dessus de la Fontaine aux 1000 amphores, en suivant le petit plateau qui domine le rivage, et un peu avant d'atteindre le cimetière où dorment, à l'extrémité de ce plateau, les religieuses de Ste Monique, on peut voir deux citernes placées l'une *au-dessus* de l'autre, comme on s'en rend compte en se penchant sur un de leurs regards. Un peu plus loin, et contre le mur du cimetière, sont les vestiges de petits thermes, dont certains murs ont encore 2 à 3 mètres de hauteur, encadrant des mosaïques décoratives, et surtout deux piscines rectangulaires, en parfait état de conservation, complètement revêtues de mosaïque, avec des marches y descendant.

Un ravin qui débouche au-dessus de cette ruine renferme un puits antique. Le site est sauvage et on pourrait s'y croire bien loin de Tunis.

Si, revenant à la Fontaine aux 1000 amphores, on gravit l'escarpement qui la domine — peut-être est-ce ici que l'amiral romain, Mancinus, ayant voulu pénétrer témérairement dans le faubourg de Megara, lors du siège de la ville punique aurait été fait prisonnier sans l'heureuse intervention de Scipion Emilien. — on aperçoit les orifices ou la coupe de plusieurs puits funéraires, puis, on arrive à un petit plateau dans lequel s'ouvre une ligne de trous rectangulaires. Ce sont les ouvertures des sépultures de la nécropole des *Rabs*, c'est à dire des prêtres et des prêtresses de la religion punique ou d'une famille sacerdotale d'où l'on a retiré les sarcophages que l'on admire au Musée St Louis et qui por-

Intérieur de la Prison de Ste Perpétue. (Dessin fait par Blondel pour le P. Delattre)

tent des statues dont l'une représente la prêtresse Arisath, en grand costume, le bas du corps entouré par deux ailes d'épervier.

En s'approchant de ces puits qui ont jusqu'à 30 mètres de profondeur, et en se penchant sur eux on constate que leur forme rectangulaire correspond juste à celle des sarcophages qu'on devait y introduire ; on voit, sur leurs parois, des cavités où l'on pouvait poser la pointe du pied pour descendre, et on aperçoit les portes superposées des chambres funéraires.

A quelques pas d'ici, vers la villa bâtie au haut du plateau, on distingue un petit bloc de maçonnerie très bas. Si on s'en approche on voit le haut d'un escalier qui descend profondément dans le sol. Ce monument souterrain comprend deux salles revêtues de ciment et superposées, reliées par l'escalier. Suivant le P. Delattre, il s'agit probablement de la prison dans laquelle Ste Perpétue fut enfermée au moment où elle subit l'interrogatoire qui précéda son martyre.

A une trentaine de mètres de là, vers le Nord, au fond d'un trou, un grand mur offre deux séries d'arcades superposées et revêtues d'un enduit de ciment autorisant à admettre qu'il s'agit là d'un réservoir. Voici donc le troisième spécimen d'une architecture paraissant spéciale à ce quartier, et caractérisée par deux étages superposés. Il y a là un intéressant problème d'archéologie à élucider. A quelques pas au-dessus de cette construction s'ouvre, au bord du chemin, un puits très profond que le P. Delattre a déblayé. Un peu plus au nord, une voûte allongée se fait remarquer par des cavités ovoïdes et régulières pratiquées dans sa masse. Si on examine l'une d'elles, on voit qu'elles sont formées par des vases en terre cuite logés en pleine maçonnerie.

C'est à une centaine de mètres d'ici, vers le Nord, au bord de la déclivité, que le P. Delattre a découvert un curieux dépôt de beaux brûle-parfums puniques. Et c'est sur le plateau où nous sommes qu'il a trouvé de nombreux indices de l'existence d'un temple de Cérès. Moi-même j'ai acquis, d'un démolisseur de ruines, un fragment de bas-relief, trouvé dans ce quartier et offrant une tête tourelée.

Toutes ces découvertes peuvent faire penser à l'existence d'un vaste sanctuaire remontant à l'époque punique et s'étant perpétué à l'époque romaine dont dépendaient peut-être et les puits funéraires, et la fontaine aux mille amphores. Il se rapportait

Ouvertures rectangulaires des puits funéraires de la nécropole des *Rabs*.

sans doute à une divinité chtonienne et il y aurait semble-t-il grand intérêt à explorer à fond cet emplacement pour réunir tous les éléments d'information sur un tel sujet.

C'est à lui probablement qu'appartenaient des murs en *opus reticulatum* circonscrivant un long rectangle, qui s'étendent entre la prison de Perpétue et le palais de Kasr Nadar. Nous avons déjà vu un échantillon de cet appareil au plateau de Byrsa. On en connaît d'autres à Carthage, notamment à l'amphithéâtre ; mais celui-ci est le plus important.

Revenons maintenant au bord du petit plateau, pour contempler l'admirable vue dont on en jouit sur le golfe et sur les terres rouges du cap Carthage qui portent le pittoresque village de Sidi-bou-Saïd. Quelle délicieuse situation ! Quel lieu de repos et de promenade charmant dont le regretté peintre Gourdault, qui avait bâti là son atelier, — où habite toujours l'artiste de talent qu'est Mme Gourdault, — avait compris toute la poésie !

Puisse l'administration lui conserver son caractère. Déjà, malheureusement, une villla bâtie récemment masque un coin de la perspective.

Le Comité des Dames amies de Carthage a demandé l'autorisation d'aménager à ses frais ce coin en un petit jardin dans lequel les ruines seraient dégagées et mises en valeur. Des bancs de pierre y seraient à la disposition des promeneurs. Un sentier sinueux descendrait parmi les rochers et les tombes antiques jusqu'à la plage qui porte la Fontaine aux mille amphores et le mur de 40 mètres.

Quel bienfait pour les habitants de ce plateau d'avoir ainsi à leur disposition cet endroit pittoresque ! Puisse-t-il être fait droit, un jour, — et avant qu'il ne soit trop tard, — à la demande du C. D. A. C. !

Bassins de la station d'Amilcar. Les arcades d'un des compartiments.

Les bassins de la station d'Amilcar

La basilique où fut la tombe de Ste-Perpétue

C'est en dehors de la partie urbaine de Carthage que j'invite le lecteur à me suivre, dans la direction de Sidi Bou-Saïd, laissant à droite la pittoresque basilique de St Cyprien, pour voir les réservoirs que Jules Renault a déblayés, dans le ravin voisin de la station d'Amilcar. Quelque visible qu'ils soient bien peu de personnes les visitent, en dehors de celles qui habitent ce quartier. Ils sont cependant aussi remarquables par leur excellent état de conservation que par leur disposition tout à fait particulière, qui permettait de décanter soigneusement les eaux. Les arches superposées intactes et revêtues de ciment à la surface d'un poli parfait, ces trois bassins à ouvertures circulaire ou elliptique, sa chambre de distribution des eaux, avec son petit escalier d'accès en font un ensemble réellement intéressant.

Un peu plus bas, auprès de l'endroit où s'élèvent les restes d'une briqueterie moderne M. Baudin a dégagé une jolie piscine chrétienne ornée d'une mosaïque bien conservée qu'il a recouverte avec raison de terre, pour la protéger.

Dirigeons-nous d'ici, en passant par la station d'Amilcar, vers un bouquet d'oliviers qui couronne une petite éminence. Là au lieu dit Mçifda se trouve l'emplacement de l'église où les corps des Saintes Perpétue et Félicité avaient été déposés après leur martyre. Le P. Delattre m'a dit l'avoir recouvert de terre pour empêcher la destruction des ruines, exemple qu'il eut été prudent d'imiter, à Carthage, en d'autres endroits. La seule partie actuellement visible de ce sanctuaire est une vaste salle carrée, jadis en partie souterraine dont les murs et un petit appareil régulier portent encore les parties d'une belle voûte d'arête : endroit vénérable entre tous pour les croyants puisque c'est là que se trouvaient les sarcophages dont le savant religieux a découvert les restes. On sait qu'à l'aide des débris de l'épitaphe qu'il a trouvée là, il a pu en faire la restitution, qui se trouve maintenant exposée dans le vestibule du Musée St Louis. Si donc les visiteurs ne peuvent plus y voir, comme l'a écrit un journaliste trop enthousiaste, les sépultures des martyres, du moins est-ce là qu'elles se trouvaient et peut-on penser qu'un jour, dans cette salle restaurée sera replacé le fac-sim le de l'épitaphe avec les débris qui y ont été trouvés.

Un édicule insuffisamment connu, à cause de l'intérêt que présentent sa conservation, sa disposition, et la présence de 7 colonnes en granit debout est cette rotonde souterraine, voisine de la basilique de Damour Karita dont du reste, une carte postale mise en vente donne une jolie représentation. Il est à souhaiter que cet édicule, une des ruines les plus intéressantes de Carthage, — soit protégé par une clôture extérieure

Partie supérieure de la crypte de la basilique de Mçifda, dans laquelle a été trouvée l'épitaphe de Ste-Perpétue

contre les incessantes déprédations dont il est l'objet et qu'on répare un des deux escaliers, ornés de mosaïque, et placés symétriquement, qui y débouchent.

Depuis quelques années, un vignoble a été planté entre Damour Karita et l'Odéon, et la basilique est, maintenant, beaucoup moins visitée qu'autrefois, malgré la présence d'un sentier, traversant la vigne, que le Comité des Dames Amies de Carthage a pu faire établir, grâce à l'autorisation de M. Isaac Bessis, à travers le champ dont il est propriétaire.

C'est au point où ce sentier traverse un fort talus, représentant sans doute une enceinte de la ville que l'on a découvert les restes d'un mur en briques séchées au soleil (toub) qui avait entouré une Carthage arabe.

C'est non loin d'ici que quelques blocs de maçonnerie appelés par les arabes « Bab er Riah » « la porte du vent » sont considérés comme représentant les ruines d'un arc d'entrée de la ville. Ce point actuellement complanté de vignes n'a pas été exploré méthodiquement.

Le monument à colonnes. On distingue les bases accouplées, sur lesquelles elles s'élevaient

Le monument à colonnes
L'aqueduc antique
La villa de « Scorpianus »

Dans le quartier du Théâtre dont il vient d'être question se trouve un monument récemment déblayé, qui serait certainement connu et visité s'il était mis en état de présentation. C'est un ensemble dans lequel on voit de nombreuses et belles colonnes. Beaucoup sont couchées à côté de leurs bases sur lesquelles il serait très facile de les relever en attendant qu'on fasse, si c'est indispensable, d'autres travaux de consolidation. On a trouvé ici une curieuse mosaïque décorative. Sous un abri léger, ce serait un ornement de plus dans le jardin archéologique que, dit-on, la municipalité a demandé à créer autour de la ruine. On y remarque aussi l'abside de la salle d'une demeure antique qui n'a pas encore été déblayée, située en contre-bas du monument à colonnes et dont les murs offrent des parties de fresques : une inscription, des animaux, que l'on pourrait garantir avec un simple enduit.

La découverte de cette ruine montre que, comme je le pense avec M. Audollent, tout le plateau situé entre elle et les citernes de la Malga doit constituer une surface non explorée précieuse réserve pour des investigations futures.

Les colonnes érigées du monument seraient visibles du vallon du théâtre, qu'encadrent de toutes parts des ruines qui prêteraient un grand charme à ce coin : le théâtre, le temple de Mémoire, les grandes voûtes des Américains, etc. On offrirait ainsi aux spectateurs assis sur les gradins de la scène antique un paysage évocateur et en harmonie avec les représentations qui pourraient y être données.

Dirigeons-nous d'ici, par une rue antique que l'on appelle souvent la *via Celestis*, vers les grandes citernes de la Malga, trop connues pour que je les décrive. Mais je puis en indiquer un détail intéressant qui échappe à la plupart des visiteurs. C'est, à la limite sud-est des grands réservoirs, un point où l'on peut voir l'intérieur du grand aqueduc qui, venant de Zaghouan, le *mons Zeugitanus*, alimentait ces citernes puis se dirigeait vers la ville. On y remarquent outre un enduit cimenté très épais, les traces des dépôts laissés par les eaux.

Le lecteur qui ne tient pas compte de la seule vérité historique mais que séduit aussi l'imagination d'un génial écrivain peut se représenter ici une des scènes les plus émouvantes du livre de Flaubert, celle de la rupture de l'aqueduc par Matho. On sait que les arches sur lesquelles passait la conduite dans la plaine de l'oued Miliane offrent un magnifique spectacle. On peut voir, à environ 2 kilomètres d'ici, les restes des piliers par lesquels cet aqueduc atteignait Carthage après avoir souterrainement traversé le Djebel Ahmar.

Un peu au-delà de l'amphithéâtre sont les murs d'une riche demeure romaine, la villa de « Scorpianus » maison somptueuse, dit M. Audollent dans son beau livre de la « Carthage romaine », avec atrium entouré d'une colonnade, thermes et piscine pour bains, toute tapissée de mosaïques qu'on admire maintenant au Musée Saint-Louis. L'une d'elles, dont le cadre est rempli d'oiseaux et de fruits divers, représente plusieurs types champêtres, un moissonneur, un bouvier, un jardinier, un buveur, etc... ; au centre un homme tient les rênes d'un quadrige. Une inscription en cubes noirs sur fond rouge nous apprend que ce conducteur du char n'est autre que le maître du lieu ; « Scorpianus in adamatu », qu'on interprète : « Scorpianus » dans son domaine préféré.

Il s'était plu à embellir ce séjour. Une seconde mosaïque à figure recouvrait le sol d'une autre pièce ; Bacchus en occupe le milieu, et les quatre saisons l'entourent... Des pavements plus simples à dessins géométriques noirs sur blanc, égayaient les autres salles... Ce qu'on connaît de cette maison atteste assez les goûts artistiques et la fortune du propriétaire.

De tout cela il ne reste que des débris encore assez reconnaissables pour causer le regret qu'on n'ait pas pu tout conserver sur place.

C'est auprès d'ici, entre la villa et les citernes de la Malga que s'étendait l'un des deux cimetières des « officiales », ou employés impériaux, qui ont été explorés dans la région Dans un enclos s'élevaient les autels funéraires ornés d'emblèmes et de personnages à relief en stucs et revêtus de couleurs variées, tellement pressés les uns contre les autres qu'il était impossible de passer entre eux. Ils donnaient une idée bien nette de ce qu'étaient les cimetières antiques. Tout cela a disparu d'ici et il n'en reste plus que quelques monuments qui ont été transportés dans le jardin du musée St-Louis.

Mais il est possible, et même probable, d'après des renseignements qui m'ont été fournis, qu'il existe encore des parties non explorées de ces nécropoles.

Tout ce qu'on peut en voir actuellement sur place consiste en une voûte à moitié enfouie située dans un champ au Nord de la route qui longe l'amphithéâtre.

Les Magasins de Carthage. — Vue extérieure

Les magasins de Carthage
Le temple circulaire
Le monument à colonnes

On connaît bien ce coin charmant de la Carthage romaine situé sur le plateau de l'Odéon et où deux ou trois maisons romaines côtoient une rue dallée bordée d'une colonnade.

L'une d'elles, la « maison à la volière » si elle avait encore la jolie mosaïque qui lui a valu son nom, — et d'autres, — si on lui avait rendu quelques-unes des colonnes qui lui manquent, si on avait abrité ses pièces, par un toit comme cela se fait couramment à Pompeï, pourrait rivaliser avec les plus belles de la célèbre ruine italienne. Un peu au-dessous d'elle, à une centaine de mètres sur la déclivité dans la direction de la gare de Carthage se trouve l'ensemble que Gauckler appelait « les magasins de Carthage ».

C'est une longue voûte, fort bien conservée, présentant à sa partie supérieure des ouvertures d'aération et dont les pieds-droits offrent cette caractéristique des constructions romaines de la bonne époque : un blocage soutenu par un chaînage en pierres de taille. Mais cette ruine n'a pas été complètement dégagée.

Peut-être faisait-elle corps avec une autre construction située à quelques pas de là, au bord d'un chemin creux.

Voici, maintenant, une ruine qui a longtemps intrigué et trompé les archéologues. Elle se compose d'une rotonde centrale entourée de trois galeries concentriques et que traversent 12 couloirs disposés comme les rayons d'une roue. Cette disposition est à la fois curieuse et énigmatique. On a cherché à l'interpréter et à l'expliquer par diverses hypothèses qui ont été successivement abandonnées : temple de Saturne, théâtre de l'Odéon, marché. J'inclinerais à croire qu'il s'agit de ce temple de la Mémoire que nous savons avoir été situé dans ce quartier et incendié par les Vandales. Cette ruine, jadis facilement accessible, située à une centaine de mètres à l'Ouest du théâtre a été, depuis quelque temps, enfermée dans l'enclos d'une vigne.

C'est non loin d'ici que se trouvent les grandes voûtes que les Américains exploitent et qui, certes, sont trop connues pour que j'en parle ici. Une autre ruine peu connue et qui ne le sera bientôt plus du tout, est celle qui se trouve dans la propriété de M. Baudin et que le propriétaire du terrain a fait recouvrir. On y voyait, entre des murs de plus de deux mètres de hauteur, des mosaïques de couleurs variées, des portes, etc.

A quelques pas de là, entre cette ruine et celle des Américains, je dois signaler comme situé au bord d un chemin, le tronçon d'un grand aqueduc, qui paraît venir des grandes citernes de la Malga, dont je parlerai bientôt.

En remontant le chemin qui, passant ici, relie directement la mer aux citernes de la Malga, on arrive, après un parcours de 4 à 500 mètres dans la direction de ces dernières, au pied d'un talus formé par les déblais retirés du « monument à colonnes » dans lequel plusieurs beaux fûts gisent à terre au pied de leurs bases. La population attend l'arrangement de cette ruine dont les colonnes, vues du vallon du théâtre contribueraient à donner à Carthage cet aspect de site antique qui lui manque trop.

Le Mur de Mer. Le môle à l'entrée des ports antiques émerge à la pointe de Salammbô

Le mur de mer
Le canal reliant le golfe au lac

Le public connait bien les deux étangs, l'un de forme circulaire l'autre de forme allongée, que l'on considère généralement comme représentant les anciens ports. On sait que le premier renferme une île dans laquelle s'élevait le palais de l'amiral carthaginois où sont les restes d'assises en magnifiques pierres de taille sur lesquelles on peut voir, tracées à la sanguine des lettres puniques et l'emblème dit de Tanit, qui établissent nettement l'ancienneté du monument. Malheureusement, ces signes d'un si grand intérêt, disparaissent lentement sous l'action des météores, faute d'un enduit protecteur.

Ce que l'on connaît moins ou même pas du tout, ce sont les restes de la plus vaste construction punique qui soit à Carthage, de ce « mur de mer » dont l'archéologue Falbe a levé un plan sommaire, et qui défendait la cité punique contre les descentes des pirates et les attaques par mer. Ils s'étendent le long du rivage, sur une longueur de deux kilomètres depuis le Kram jusqu'à la Fontaine aux mille amphores, formant une ligne de rochers à demi submergés. Pendant longtemps, malgré l'appellation si juste que leur a donnée Falbe, on les a pris pour des quais. C'est une opinion qui s'était installée peu à peu chez les archéologues et que l'on reproduisait sans l'examiner.

Mon attention fut attirée sur l'inexactitude de cette expression par certaines observations, d'abord, et surtout par la réflexion que me fit un jour un officier de marine.

D'après lui il n'eut pas été possible d'amarrer des navires à des quais tournés vers les vents du large, très dangereux et qui les eussent mis en pièces en les jetant sur ces murs.

Je me mis à explorer pendant deux étés, ces restes maritimes soit en bateau, soit en costume de bain et je ne tardai pas à me rendre compte qu'il s'agissait bien d'un mur fortifié, ce qu'indiquait déjà l'aspect formidable des pierres qui le composaient.

Il serait trop long d'exposer ici les constatations sur lesquelles je base cette opinion. Je me bornerai seulement à suivre le rivage avec le lecteur, en lui en indiquant les principales particularités. Mais au préalable, et puisque nous abordons le littoral, je vais indiquer ici quelques ruines qui sont en quelque sorte la continuation et le corollaire de cette enceinte et des ports.

Au Kram s'élève sur le rivage le

palais arabe du Dar-Oulad-el-Agha. C'est immédiatement au sud que se trouvait l'entrée d'un canal qui reliait le golfe au lac. Sa situation est nettement indiquée sur les cartes publiées le siècle dernier. Ce canal, qui a été comblé pour la construction du centre du Kram, n'est plus visible ici, mais il l'est encore au sud de ce dernier, à l'endroit où les remblais du tramway le coupent. C'est à son débouché dans le lac, que l'on a trouvé, il y a quelques années, une statue d'Isis et celles de deux prêtresses, ainsi que 6 colonnes en marbre noir qui sont actuellement à la Villa Stella. Il y avait ici à l'époque punique, un quartier important de Carthage, dont j'ai trouvé de nombreux et incontestables débris. Tout ce qui restait a été enlevé et a servi à établir la ligne du tramway à travers le lac. Mais on sait dorénavant de manière tout à fait sûre que les rives de ce dernier ne s'étendaient pas plus au Nord, comme l'ont cru quelques savants. Si, en partant d'ici on longeait les bords du lac dans la direction de l'Ouest, on rencontrerait, avant d'arriver au centre d'aviation de l'Aouïna les substructions énormes d'un mur tout à fait pareil au mur de mer, et où la structure des fortifications puniques apparaît des plus nettement. C'est, suivant toute probabilité à l'extrémité de la célèbre triple enceinte qui, de ce côté barrait l'isthme de la presqu'île carthaginoise.

Il y avait donc un monument considérable au débouché du canal dans le lac à l'endroit où maintenant s'étend un marécage formé par l'enlèvement des terres au voisinage du cimetière du Kram.

Il y en avait un autre à l'extrémité opposée de ce passage, sur les ruines et probablement avec les débris duquel a été bâti le Dar-Oulad-el-Agha. J'ai trouvé à cet endroit une énorme quantité de fragments de plaques de revêtement en marbre précieux et des ornements en stuc représentant des personnages et des fleurs. On y voit en outre d'importantes substructions qui viennent tout récemment (janvier 1924) d'être en partie cachées par des constructions. Enfin une épaisse masse de maçonnerie y forme une espèce de promontoire barrant le rivage sur lequel j'ai vu pendant longtemps quatre magnifiques bases attiques de colonnes en marbre blanc, que j'ai acquises et fait transporter à la Villa Stella pour les préserver de la destruction.

La disposition de ce massif entre l'entrée du canal et celle du port, donne à penser qu'il y avait ici quelque phare ou quelque temple dédié à une divinité de la mer.

A quelques pas d'ici une fouille, interrompue trop tôt par un *veto* de l'administration des *Habous* m'a fait découvrir une salle elliptique au sol revêtu de mosaïque et communiquant avec une autre salle dont le parement était fait d'une espèce de marquetterie en marbre précieux (*opus sectum*). Actuellement une baraque s'élève en ce point.

Puis, immédiatement au Nord s'étend ou plutôt s'étendait le Fondouk des Juifs, ensemble pittoresque, formé d'une vaste cour entourée des constructions sur trois de ses côtés et s'ouvrant sur la mer par le quatrième. En son centre s'élevait une fontaine et, à l'une de ses extrémités un café maure, orné de deux curieuses colonnes et barriolé de couleur criardes donnant à ce coin un air de curiosité qu'ont bien connu les Tunisiens. La colonnade vient d'être renversée. Il y avait, à l'intérieur de la cour une ligne d'orifices de puits et de réservoirs, très rapprochés, évidemment antiques et qui m'a fort intrigué. J'avais formé le projet de l'explorer. Je n'en ai pas eu le temps et actuellement ces orifices sont compris à l'intérieur d'enclos de villas ou de baraques, la plupart des puits ayant été restaurés.

Quoiqu'il en soit, il y avait là un point d'eau important et sa situation entre l'entrée du canal et celle des ports donne à penser que c'est sans doute ici que les vaisseaux faisaient provision de liquide.

Il y aurait certainement eu à faire d'intéressantes recherches.

Sur le rivage, on voit une ligne de grosses pierres qui se dirigent vers le large. Elle a 7 à 8 mètres de largeur. Une tranchée que j'ai faite dans son prolongement, sur le rivage m'a montré qu'elle se prolonge sous les sables, dans la direction du Fondouk.

Du côté du large, cette ligne se dirige vers le môle qui protégeait l'entrée des ports, bien reconnaissable d'ici aux pierres qui émergent en mer, plus de cent mètres en avant de la pointe verdoyante de Salammbô.

S'agit-il ici des restes de la fameuse digue construite par Scipion, lors du siège de l'an 146 av. J.-C. pour barrer l'entrée des ports, ou de l'enceinte qui, de l'autre coté du mur de mer devait se diriger vers le lac, en suivant les bords du canal ? C'est ce que j'ignore mais qu'une fouille méthodique exécutée avant que l'on ne fasse sauter ces blocs, qui gênent les baigneurs permettrait peut-être de savoir. Leurs proportions et leur matière rappellent en tous cas celles du mur de mer.

Ruines d'une forteresse maritime au pied de la colline de Bordj Djedid

Le mur de mer ses bastions, ses môles

L'entrée des ports était donc, suivant l'opinion la plus générale, au fond de la baie du Kram telle qu'elle est actuellement. Mais des sondages faits sur la terre, et jusque près de la gare de Salammbô, m'ont montré que primitivement le rivage a dû s'avancer jusqu'à plus de 500 mètres à l'intérieur.

Dans le jardin de la villa du général de division, qui occupe la pointe de Salammbô, M. le général Pistor a découvert deux murs énormes, dont l'un, en bordure de la baie est considéré par moi comme le débarcadère dont il est question dans l'histoire du siège de Carthage.

M. Gsell place, lui, ce débarcadère au quadrilatère de Falbe vers lequel nous nous dirigeons. Voici, devant nous, les pierres énormes du môle qui protégeait l'entrée du port, à environ 100 mètres de la pointe où se trouve le jardin du général. Par les mers basses, en se déchaussant, on peut les visiter, et voir comment était construit le mur de mer.

Partant d'ici, un mur, formé de pierres semblables se dirige vers le Nord ; suivant la hauteur des eaux, il est tantôt visible, tantôt tout à fait recouvert.

On aperçoit, en avant du palais de Salammbô une construction aux ouvertures béantes, qui s'avance en mer, « c'est le bain des femmes », Le mur dont il vient d'être question se réfléchit à angle droit pour le rejoindre. Avec les pierres de la base du môle et le rivage il forme le quadrilatère de Falbe.

A partir du Bain des femmes, les débris du mur de mer sont peu visibles jusqu'à la petite rotonde où habite maintenant le colonel commandant d'armes de la Goulette puis ils apparaissent très nettement en passant en avant du massif Institut Océanographique dont l'utilité ne peut faire excuser la laideur et la situation déplorables.

Le mur de mer présente ici une série de coupures parallèles que je n'ai pu étudier de manière précise mais dont la vue m'a rappelé que c'est à cet endroit que les Carthaginois, bloqués par la digue de Scipion, firent une brèche pour sortir leurs vaisseaux.

Puis la ligne des noirs rochers de l'enceinte maritime se continue, bien visible. Ici et ailleurs on peut constater de la manière la plus sûre que cette fortification se composait d'un épais massif de blocage revêtu d'énormes pierres de taille, ou plutôt simplement équarris.

A 800 mètres environ de l'Institut Océanographique, au delà du palais de l'ancien bey, on dépasse six gros piliers qui, portaient jadis sa cabine de bains et s'élèvent maintenant, solitaires au-dessus des flots.

On remarque, sur le rivage, un mur très épais venant de l'intérieur des terres et qui se prolonge en mer par un véritable môle. Celui-ci était revêtu extérieurement de pierres de taille qui, tombées à son pied, l'entourent en formant un rectangle parallèle à ses bords. Il offre une curieuse disposition de canaux horizontaux et verticaux par où l'eau des flots entre et sort et dont la destination est douteuse.

A quelques mètres au sud se dresse en mer une grosse pierre cubique de couleur rousse, qui est un bel échantillon des pierres de revêtement du mur de mer.

Ce point est certainement l'un des plus intéressants de tout l'ensemble, car il paraît se rattacher à une construction terrestre dont une grande partie a été détruite il y a un an, mais dont il doit subsister encore une partie.

Au delà, laissant à droite, sur le rivage, une ligne de voûtes dans lesquelles ont été trouvés des boulets on arrive à un point où brusquement, le mur fait à angle droit une forte saillie, pour redevenir ensuite parallèle au rivage. A partir d'ici l'écroulement des blocs forme un chaos imposant. Il passe devant deux murs parallèles situés à l'extrémité de la route allant vers le théâtre, et que l'on considère parfois comme représentant le grand égout, *cloaca maxima* de Carthage. Puis il longe les restes de la façade des Thermes d'Antonin et l'on reconnaît très bien, en arrière d'eux, le mur en petites pierres de taille d'un portique qui ornait cette façade, et sous lequel les baigneurs se reposaient à l'ombre, à quelques pas des flots.

Dans toute cette région, les débris du mur de mer offrent d'interressants détails, qui permettent de se faire une idée de sa structure et de l'aspect qu'il présentait.

A un moment donné, au delà des Thermes d'Antonin, ce mur disparaît sous le rivage. Je l'y ai suivi à l'aide d'une tranchée qui m'a fait découvrir une énorme colonne en un beau granit rouge, un grand et beau chapiteau corinthien en marbre blanc et un bas-relief représentant « un homme priant sous les murs de Carthage » que j'ai remis au Musée du Bardo. Il pourrait être d'un grand intérêt de suivre ce mur, plus loin que je l'ai fait, jusqu'au point où il se trouve au contact d'autres constructions.

Plus au Nord on voit, en mer, une surface rectangulaire bien dessinée par de grandes pierres; c'est sans doute l'assise inférieure d'un bastion cantonnant le mur de mer et défendant peut-être l'entrée d'un port qui se trouvait au pied de la colline du Bordj Djedid. J'ai signalé précédemment ce quadrilatère ainsi que les restes probables d'une tour et le mur de 125 mètres de longueur, à absides ou à hémicycles irréguliers, qui soutenait un petit plateau au pied du Bordj-Djedid. Le revêtement en pierres de taille du mur de mer passait au devant de lui, et les débris en formaient une ligne bien visible en mer à quelques mètres au dessous de la falaise.

Un peu plus loin se trouve un petit port naturel où j'ai vu s'abriter de fortes mahonnes. Ne serait-ce pas le port où s'embarqua Saint Augustin pour aller à Rome poursuivre ses études ?

Voici maintenant devant nous l'énorme mur de 40 mètres d'épaisseur en avant duquel s'étendait une construction emportée par la mer, mais dont les murs de substruction se voient très bien sous les eaux. On constate nettement que le mur de mer, jusqu'ici parallèle au rivage, s'infléchit brusquement à angle droit pour se diriger vers la terre et que les pierres qui le formaient revêtaient le mur de 40 mètres. C'est au pied de ce dernier que le rocher a été taillé en redans bien visibles sur lesquels reposaient les assises horizontales des blocs équarris. Le mur de mer avait donc ici la hauteur du mur de 40 mètres c'est-à-dire 10 à 15 mètres et en outre on voit très nettement qu'il se prolongeait, sur le rocher, fort avant à l'intérieur des terres. C'est donc évidemment ici que l'enceinte maritime devenait terrestre et ce point, comme on le voit, était très puissamment fortifié.

A quelques pas plus loin se trouve sur le rivage l'entrée de la Fontaine aux mille amphores. Au delà, on voit les restes bien nets d'un quai, puis les gros blocs d'un môle qui protégeait sans doute le quai ou l'angle du mur de mer contre les assauts des flots venant du large.

Ici se terminent les constructions du littoral de Carthage ayant quelque importance ; au delà, vers Sidi bou-Saïd, on ne voit plus guère que de petits môles, des constructions d'importance et de destination douteuses. J'ai même l'impression très nette que les officiers de marine qui ont exploré le rivage ont dû souvent prendre pour des dallages ou des constructions humaines des rochers dont l'apparence ou la régularité sont simplement dues un clivage naturel de la roche.

Comme on le voit, le lecteur qui s'intéresse aux antiquités carthaginoises peut consacrer une ou deux demi journées à reconnaître les ruines du mur de mer. S'il choisit pour cela une belle journée, où le temps clair et la mer calme s'uniront pour lui faciliter et lui rendre agréable sa promenade il ne regrettera sûremet pas la petite gymnastique que lui auront imposée les accidents du sol.

En terminant ces lignes, destinées aux personnes qui voudraient avoir une idée complète des ruines du grand site, en leur indiquant celles qui, ayant un certain intérêt, sont, ou peu visibles ou peu connues, je suis heureux d'enregistrer l'évolution que paraît subir en ce moment la question de leur sauvegarde à la suite de la campagne de presse que j'ai soutenue durant ces deux dernières années, dans les grands journaux de la métropole, et des démarches que j'ai faites, en automne dernier, avec des parlementaires qui connaissent Carthage, auprès des Ministres des Affaires Etrangères et de l'Instruction publique; ce dernier a envoyé sur place une mission pour étudier la question de la protection des ruines ainsi que je le lui avais demandé dans une *lettre ouverte* publiée dans LE GAULOIS en 1922. E il a désigné dans ce but l'archéologue qui connait assurément le mieux celles de l'Afrique du Nord, l'éminent historien M. St Gsell, inspecteur général des Antiquités, membre de l'Institut.

On peut donc espérer que les mesures nécessaires et jugées opportunes seront bientôt adoptées.

En ce qui me concerne, je considère comme achevée la tâche que je m'étais assignée, et qui était d'attirer sur cette question l'attention du grand public et celle de la Haute Administration. C'est, maintenant, à cette dernière qu'il appartient de faire le nécessaire et aux représentants de la mère-patrie et de la colonie de lui en donner les moyens, dans la mesure où ils le jugeront utile. Je retourne donc aux études qui me sont chères et je rentre désormais dans les rangs de ces pourvoyeurs de la science auxquels je m'honore d'appartenir.

Du reste, simple coïncidence, ou résultat de mes efforts, on constate une heureuse évolution dans la situation.

Des soins de propreté ont été donnés à la basilique de Douïènes. Les jeunes américains venus pour explorer Carthage auront, me dit-on, l'honneur d'y conserver, pour la première fois, parmi tant de somptueux pavements qui y ont été trouvés, une mosaïque à sujets, dans les murs de la maison même qu'elle ornait, et ils la feront sûrement garder. Ils auront aussi, m'a dit M. Icard l'honneur d'assurer la remise en état et la protection de l'inestimable sanctuaire de Tanit, en faveur duquel nous avons à plusieurs reprises M. de Bénac et moi rompu tant de lances.

Le Service des antiquités, outre des sondages pratiqués à Byrsa jusqu'au sol vierge et qui paraissent avoir donné d'intéressants résultats de détail a entrepris au voisinage des Thermes d'Antonin un vaste déblaiement qui a fait découvrir de belles fresques, des mosaïques et un ensemble dont certaine parties ont cinq ou six mètres de hauteur.

A côté de ces signes de bon augure, les visiteurs peuvent malheureusement constater qu'il y a encore beaucoup à faire pour empêcher les dégradations de se produire dans des ensembles d'un grand intérêt. Un éboulement vient de masquer une partie de la Fontaine aux 1000 amphores, où l'on peut voir des enfants se livrer, le dimanche, à des « courses nautiques » ; la chambre inférieure de la prison de St Perpétue est pleine d'eau venue de la surface et qu'une rigole pourrait détourner. Il en est de même de la belle rotonde souterraine, que remplit un petit marécage. Il serait possible d'en détourner les eaux de ruissellement ou de les faire absorber par un puits perdu etc.

Il est en outre certain que le nombre de plus en plus grand des promeneurs rend les dégradations de plus en plus fréquentes ce qu'on éviterait dans une grande mesure en clôturant les ruines, en les gardant et en prélevant ene taxe de visite qui diminuerait considérablement le nombre des visiteurs indésirables.

Mais il faut laisser aux résultats de l'enquête ministérielle le temps de se manifester et faire crédit, à ce propos, à la bonne volonté que vient de témoigner la Haute Administration.

Khéreddine, Villa Stella, le 14 Avril 1924.

DOCTEUR L. CARTON.

www.ingramcontent.com/pod-product-compliance
Ingram Content Group UK Ltd.
Pitfield, Milton Keynes, MK11 3LW, UK
UKHW021534260726
13993UKWH00004B/1987